BEI GRIN MACHT SICI
WISSEN BEZAHLT

- Wir veröffentlichen Ihre Hausarbeit,
  Bachelor- und Masterarbeit

- Ihr eigenes eBook und Buch -
  weltweit in allen wichtigen Shops

- Verdienen Sie an jedem Verkauf

Jetzt bei www.GRIN.com hochladen
und kostenlos publizieren

Bibliografische Information der Deutschen Nationalbibliothek:

Die Deutsche Bibliothek verzeichnet diese Publikation in der Deutschen National-
bibliografie; detaillierte bibliografische Daten sind im Internet über http://dnb.d-
nb.de/ abrufbar.

Impressum:

Copyright © 2007 GRIN Verlag, Open Publishing GmbH
Druck und Bindung: Books on Demand GmbH, Norderstedt Germany
ISBN: 9783640493050

Dieses Buch bei GRIN:

http://www.grin.com/de/e-book/141355/die-irrationalitaet-der-berufsarbeit-protes-
tantische-ethik-und-der-geist

Isabelle Lombardo

Die Irrationalität der Berufsarbeit - Protestantische Ethik und der Geist des Kapitalismus

GRIN Verlag

GRIN - Your knowledge has value

Der GRIN Verlag publiziert seit 1998 wissenschaftliche Arbeiten von Studenten, Hochschullehrern und anderen Akademikern als eBook und gedrucktes Buch. Die Verlagswebsite www.grin.com ist die ideale Plattform zur Veröffentlichung von Hausarbeiten, Abschlussarbeiten, wissenschaftlichen Aufsätzen, Dissertationen und Fachbüchern.

Besuchen Sie uns im Internet:

http://www.grin.com/

http://www.facebook.com/grincom

http://www.twitter.com/grin_com

Institut für Soziologie
Seminar: Die Natur des Subjekts

WS 2007/2008

26.02.2008

Die Irrationalität der Berufsarbeit

„ Protestantische Ethik und der Geist des Kapitalismus"

Verfasst von:

Isabelle Lombardo

Gliederung

„Das Subjekt gilt als handlungsfähiges Individuum, das befähigt ist, seine eigenen und die gesellschaftlichen Verhältnisse nach Maßgabe der Vernunft zu gestalten" (Grundmann/Beer, 2004: S. 1).

Seit den Anfängen der Soziologie stellt das Subjekt und insbesondere sein Verhältnis zur Gesellschaft die wohl wichtigste Forschungsfrage dar. Die Annahme eines Subjekts, dass die Fähigkeit zu rationalem Denken besitzt, kulturelle Gegebenheiten internalisiert und diese wiederum durch sein Handeln nach außen trägt, ist weit verbreitet und wird von fast allen soziologischen Theorien geteilt. Trotzdem gibt es entscheidende Unterschiede in der Betrachtungsweise des Individuums und es stellt sich mit Blick auf das obige Zitat die Frage, ob das Subjekt tatsächlich als ein „vernunfthandelndes" Individuum verstanden werden kann. Um diese Frage zu klären, soll im Folgenden eine bis heute viel umstrittene, aber in ihrer Durchführung einzigartige Studie, die „Protestantische Ethik und der Geist des Kapitalismus" von Max Weber dargestellt und analysiert werden.

Die Grundlage der Studie beruht auf der Frage nach der historischen Entstehung des modernen Kapitalismus im Okzident und der Beobachtung eines engen Zusammenhangs zwischen Protestantismus und kapitalistischer Entwicklung. Die Besonderheit der Arbeit liegt zudem darin begründet, dass zwar der moderne Kapitalismus der Ausgangspunkt der Forschung ist, Weber sich aber vorrangig mit dem Menschen als Ganzes befasst und zwar mit der Vorstellung von einem Menschen, dessen Art der Menschlichkeit sich in der Art und Weise seiner gesellschaftlichen Lebensverhältnisse widerspiegelt. Die gesellschaftlichen Lebensverhältnisse zeichnen sich dabei durch kapitalistisches, rationales Handeln aus, so dass der Kapitalismus für Weber demnach den Grundcharakter der Menschlichkeit darstellt, also das was den Menschen innerhalb der kapitalistischen Welt zum Menschen macht (Guttandin, 1998: S. 12/ Löwith, 1973: S. 19). Zudem weist er darauf hin, dass „jene der Eigenart des Kapitalismus angepasste Art der Lebensführung" eine ist, welche nicht in einzelnen Individuen entstanden ist, sondern von „Menschengruppen" getragen wurde und die Entstehung dieser Art von Lebensführung ist für Weber das eigentlich zu Erklärende (Weber, 1920: S. 37). Zur Erklärung dieser besonderen Lebensführung entwickelt Weber den Begriff des „kapitalistischen Geistes". Wer dieser „Geist" ist, wie er die Natur des Menschen beeinflusst und welche Rückschlüsse er auf den modernen Kapitalismus zulässt, sind die Fragen, die es zu klären gilt.

Zum besseren Verständnis soll zunächst ein kurzer Überblick zu den Vorüberlegungen und Grundannahmen Webers gegeben werden.

Den Ausgangspunkt für die Überlegungen Webers bildete die Beobachtung einer engen Beziehung zwischen Protestantismus und der Entwicklung des modernen Kapitalismus. Dass deshalb, weil lediglich in Europa ein qualitativ neuer Typus von Kapitalismus, nämlich der des „okzidentalen modernen Kapitalismus" entstanden ist, der insbesondere durch eine durchweg rationale Lebensführung gekennzeichnet war und sich in seinen Merkmalen von der bereits existierenden Kapitalismusform abhebt. Hierbei ist festzuhalten, dass die Vorstellung eines ursächlichen Zusammenhangs zwischen Protestantismus und modernem Kapitalismus zu Beginn des 20. Jahrhunderts keineswegs neu war und daher auch nicht als individuelle Erkenntnis Webers erachtet werden kann. Was hingegen neu war, war die Herangehensweise Webers an diese Thematik. Er hat sich von den bisher ökonomischen, politischen und materialistischen Ansätzen völlig abgegrenzt und ist dem Anspruch einer kulturhistorischen Analyse nachgegangen (Bäumer, 2007: S.45/46). Er stellt sich die Frage nach der historischen Entstehung des modernen Kapitalismus, den er nicht als eigenständig gewordene Macht von gesellschaftlichen Produktionsverhältnissen ansieht, sondern als ein durch die Lebensführung der Menschen entstandenes Ganzes (Löwith, 1973: S. 22). Die Arbeit ist folglich nicht nur die Analyse einer Wirtschaftsstruktur, sondern auch die Betrachtung eines neuen Typus von Gesellschaft. Weber geht es nicht darum, wie der moderne Kapitalismus funktioniert, wenn er sich einmal durchgesetzt hat, sondern vielmehr darum wie er entstehen konnte, also welcher Ursprung, welche Natur dem modernen Kapitalismus innewohnt. Sein Anliegen besteht darin aufzuzeigen, welche Faktoren bei der Entstehung des modernen Kapitalismus eine Rolle gespielt haben und er betrachtet dabei die Entwicklung von einer individuellen Handlungsebene aus, indem er die individuelle Lebensführung der Menschen mit einschließt und besonders hervorhebt.

Es stellt sich zunächst die Frage, welche Vorstellung Weber vom modernen okzidentalen Kapitalismus in der Gesellschaft hatte und worin für ihn der Unterschied zu der bis dahin existierenden Kapitalismusform besteht. Grundlegend für Weber war die Annahme, dass „Kapitalismus identisch mit dem Gewinn sei […] mit dem Streben nach immer erneutem Gewinn, mit Rentabilität" und der kapitalistische Wirtschaftakt auf der Erwartung von Gewinn durch Ausnutzung von Tausch-Chancen ruht, auf (formell) friedlichen Erwerbschancen also (Kaesler, 2004: S. 38). Weber selbst betont, dass es die Form von kapitalistischem Wirtschaftshandeln nach dieser Definition in allen Perioden und in allen

Kulturländern bereits gegeben hat und dass kapitalistisches Handeln an sich daher keinesfalls eine neue Erscheinung darstellt (ebd.). Was ist also das Besondere, das Neue am modernen Kapitalismus, der nach Weber in seiner bestimmten Form nur im Okzident auftritt? Es sei an dieser Stelle noch einmal darauf hingewiesen, dass Weber den Kapitalismus nicht an sich, sondern die spezifischen Faktoren herausarbeiten wollte, die zur Entstehung des modernen Kapitalismus geführt haben, denn der moderne Kapitalismus, so wie er sich durchgesetzt hat ist für Weber „ein ungeheurer Kosmos, in den der einzelne hineingeboren wird und der für ihn wenigstens als Einzelnen, als faktisch unabänderliches Gehäuse, in dem er zu leben hat, gegeben ist" (Weber, 1920: S. 37). Der Kapitalismus an sich ist nach Weber also eine unveränderbare Macht, der sich keiner entziehen kann und somit als Ergebnis einer historischen Entwicklung hinzunehmen ist. Aber wie kam es zu dieser Entwicklung und was sind die Merkmale dieses „ungeheuren Kosmos" die ihn so einzigartig machen und damit von allen anderen kapitalistischen Wirtschaftsformen unterscheidet? Zur Beantwortung führt Weber folgende Charakteristika auf: Die „rational-kapitalistische (betriebliche) Organisation von (formell) freier Arbeit", die „Trennung von Haushalt und Betrieb" und die „rationale Buchführung" (Kaesler, 2004: S. 39). Zusammengefasst kann man sagen, dass der moderne Kapitalismus nach Weber im Unterschied zu seinen Vorformen auf der durch alle Lebensbereiche wirkenden Rationalisierung beruht. Eine Rationalisierung der Lebensführung, die mit der Rationalisierung gesellschaftlichen Bereiche, wie der Verwaltung oder der Technik zusammentraf und sich vereinte. Obwohl der Faktor der Rationalisierung eine entscheidende, wenn nicht sogar die wichtigste Rolle zum Verständnis des modernen Kapitalismus und dem Zusammenhang zum Protestantismus spielt, soll sie aber erst in einem späteren Teil näher erläutert werden.

Bereits wenn man den Titel der Arbeit betrachtet, fällt auf, dass es nicht vorrangig um eine direkte Beziehung zwischen Kapitalismus und Protestantismus geht, sondern, dass der „Geist" des Kapitalismus in seiner Beziehung zur protestantischen „Ethik" untersucht wird. Der „Geist" des Kapitalismus wird dabei definiert als ein Habitus, als eine bestimmte Ansammlung von Eigenschaften und Verhaltenmustern der Individuen, die typisch kapitalistisch sind. In diesem Zusammenhang genauer, meint Habitus „die Übertragung von religiösen Ideen in Handlungen, die sich in einem besonderen Stil der Lebensführung äußern, der wiederum im modernen Kapitalismus einen institutionellen Fixpunkt gewonnen hat" (Guttandin, 1998: S. 30). In ihrem besonderen Verhältnis sind „Geist" und „Kapitalismus" relativ selbständig. „Die kapitalistische Form einer Wirtschaft und der Geist, in dem sie geführt wird, stehen zwar generell im Verhältnis adäquater Beziehung, nicht aber in dem einer gesetzlichen Abhängigkeit zueinander" (Weber, 1920: S. 49). Das bedeutet, dass es sowohl Formen des Kapitalismus gibt, die ohne den „Geist" bestehen, wie auch der Geist auftreten kann ohne dass er die entsprechende Wirtschaftsform mit sich trägt. Diese Tatsache ist entscheidend, da sie eine getrennte Analyse von „Geist", „Kapitalismus" und „Ethik" zur Notwendigkeit erklärt und die Erforschung der relativ autonomen, durch den asketischen Protestantismus beeinflussten Entstehung des kapitalistischen Geistes überhaupt möglich macht.

Im Folgenden soll dargestellt wie sich der Geist des Kapitalismus nach Weber durchgesetzt hat und welche Eigenschaften ihn charakterisieren. Zur Veranschaulichung analysiert Weber die Aussagen von Benjamin Franklin, einem erfolgreichen Unternehmer, der nach Weber vom Geist des Kapitalismus förmlich durchdrungen ist und damit ein exemplarisches Beispiel für die spezifische Lebensführung im modernen Kapitalismus darstellt. Die Deutung der Aussagen fasst Weber wie folgt zusammen: „Der Erwerb von Geld und immer mehr Geld, unter strengster Vermeidung alles unbefangenen Genießens, [...], so rein als Selbstzweck gedacht, dass es als etwas gegenüber dem Glück oder dem ʹNutzenʹ des einzelnen Individuum jedenfalls gänzlich Transzendentes und schlechthin Irrationales erscheint" (ebd.: S. 35). Arbeit im Sinne des kapitalistischen Geistes hat also nicht mehr bloß die Rolle als Mittel zum Zweck der Existenzsicherung zu fungieren, sondern die Arbeit selbst wird zum eigentlichen Zweck. Die Arbeit selbst entwickelt einen eigenständigen Wert, sie wird zur „Berufung", ja sogar zur „Berufspflicht", der, wie Weber betont etwas „Naturwidriges" anhaftet. Eine weitere Charakterprägung des Geistes, die es hervorzuheben gilt, ist die „Philosophie des Geizes". Ebenso wie die Arbeit einen Selbstzweck errichtet, so erhält auch der Gelderwerb einen Zweck, der fernab vom Anliegen des Konsums liegt. Der Gelderwerb ist das „Resultat und der Ausdruck der Tüchtigkeit im Beruf" (ebd.: S. 36) und äußert sich zudem in der Unterordnung der Person gegenüber seiner Aufgabe. Es geht um die „Verpflichtung" gegenüber der als Selbstzweck auferlegten Arbeit, hinter der sich nicht nur eine Geschäftklugheit verbirgt, sondern hinter der ein einzigartiger Ethos steht (ebd.: S. 33). Die genannten kapitalistischen Leitmotive, welche sich in der Hingabe an den Beruf des Geldverdienens widerspiegeln, zeichnen den Idealtypus des kapitalistischen Unternehmers aus und eben diese sind es, welche den modernen Kapitalismus von allen anderen Formen des kapitalistischen Handelns unterscheidet.

Weber weist deutlich darauf hin, dass dieses Ethos aber nicht nur neu und spezifisch für den modernen Kapitalismus war, sondern dass dieser auch im Widerspruch zu der bisher durch den Traditionalismus geprägten Lebensführung steht (ebd.: S.43). Der Kapitalismus bedeutete einen Bruch mit dem Traditionalismus, da die Ziele des wirtschaftlichen Handelns völlig neu definiert wurden. Weber beschreibt das Verhältnis zur Arbeit im Traditionalismus wie folgt: „Der Mensch will von Natur aus nicht Geld und mehr Geld verdienen, sondern einfach leben, so leben wie er es zu leben gewohnt ist und soviel erwerben, wie dazu erforderlich ist" (ebd.: S. 44). Demnach arbeitet der Mensch von sich aus nur um zu leben, um zu überleben, denn „das Volk nur arbeitet, weil und so lange es arm ist" (ebd.: S. 45). Verfügt der Mensch über genug Reichtum entzieht er sich der Arbeit, wendet sich den schöneren Dingen im Leben zu und ist dazu geneigt seinen Reichtum auch zur Schau zu stellen. Der Idealtypus des modernen Kapitalisten verhält sich diesen naturgegeben Verhaltenweisen völlig entgegengesetzt, indem er in der Arbeit die Erfüllung seiner Berufspflicht sieht und sie zu seinem Lebensethos macht. Er stellt sich gegen die herrschenden, traditionalistischen Lebensweisen, in der das Ansehen und Annerkennung auf sichtbarem Reichtum basiert. Die besondere Entwicklung dieser rationalen Lebensführung musste sich folglich gegen schwere Widerstände behaupten. Sich den vorgegeben Regeln zu widersetzen und sich der Tradition zu entziehen kann nach Weber daher nicht bloß eine Folge der materiellen Verhältnisse sein. Es bedarf einer tieferen Begründung, die dafür verantwortlich ist, dass sich eine Person konstant gegen die gegebenen Regeln stellt und sich damit wider ihrer Natur verhält. Vor dem Hintergrund dieses Gedanken und der vorangehenden Ausführungen stellt sich also die Frage, welche Begründung dies sein mag, also welchen Ursprung der Geist des Kapitalismus hat.

Wie wir gesehen haben, wird der Geist des Kapitalismus bedingt durch das Ethos der Pflichterfüllung, welche sich in der Hingabe an den Beruf widerspiegelt, einhergehend mit einer durchweg rationalen Lebensführung. Nach gründlichen Überlegungen kommt Weber zu dem Schluss, dass die Begründung einer solchen Lebensführung, die sich den existierenden Regeln zur traditionalistischen Lebensweise widersetzen, nur in bestimmten religiösen Vorstellungen, nämlich den protestantischen Glaubensregeln, zu finden sei.
Es sei allerdings vorwegzunehmen, dass Weber die Religion, in diesem Fall, die protestantische Lehre, nicht allein verantwortlich für die Entstehung des modernen Kapitalismus ansah, sondern lediglich darstellen wollte inwieweit der Protestantismus mitbeteiligt war an dessen Entstehung. Denn „es soll nur festgestellt werden: ob und wieweit religiöse Einflüsse bei der qualitativen Expansion jenes „Geistes" über die Welt hin mitbeteiligt gewesen sind und welche konkreten Seiten der auf kapitalistischer Basis ruhenden Kultur auf sie zurückgehen" (Kaesler, 2004: S. 106).

Aber welche Ideen und Wertvorstellungen des Protestantismus sind es, die dem „Geist des Kapitalismus" zugrunde liegen und damit zur Entstehung und Verbreitung des modernen Kapitalismus beigetragen haben? Wo liegen die Gründe für das „aus rein eudämonistischen Eigeninteresse so irrationale – Sichhingeben an die Berufsarbeit" (Weber, 1920: S. 62). Ausgehend von der Beobachtung der Wahlverwandtschaft zwischen Protestantismus und dem Geist des Kapitalismus, wendet sich Weber nach grundlegenden Überlegungen derjenigen protestantischen Ausprägung zu, die nach ihm eine besondere ethische Eigenart besitzt, dem Calvinismus. Nur hier finden sich beide Aspekte, Berufspflicht auf der einen und die Rationalisierung der Lebensführung auf der anderen Seite. Die Berufspflicht, „eine Verpflichtung, die der einzelne empfinden soll und empfindet gegenüber dem Inhalt seiner beruflichen Tätigkeit, gleichwohl worin sie besteht" (ebd.: S.36) in Verbindung mit der Rationalisierung der Lebensführung, welche für den einzelnen auf dem religiösen Antrieb zur methodischen Kontrolle seines Gnadenstandes in der Lebensführung beruht. Dieser asketische Lebensstil bedeutet eine an Gottes Willen orientierte rationale Gestaltung des ganzen Daseins (Guttandin, 1997: S. 134). Erst in dieser einzigartigen Verbindung von innerweltlicher Berufspflicht und der systematischen Rationalisierung der Lebensführung entsteht nach Weber jene Gesinnung, die er „Geist des Kapitalismus" nennt.

Wie bereits erwähnt haftet dieser Lebensführung nach Weber etwas Naturwidriges an, etwas Irrationales und eben diesem Irrationalen Moment will er auf den Grund gehen. Das Irrationale der Berufsarbeit, steckt bereits in dem Begriff „Beruf" selbst, denn im Wort „Beruf" klingt eine religiöse Vorstellung mit, nämlich die einer von Gott gestellten Aufgabe (ebd.: S. 63) und verfolgt man das Wort geschichtlich, so stellt man fest, dass dieser Begriff bei allen protestantischen Völkern existiert, nicht aber bei anderen, wie z.B. den katholischen Gemeinschaften. Was aber auch in der protestantischen Lehre trotzdem neu war, war die „Schätzung der Pflichterfüllung, innerhalb der weltlichen Berufe als des höchsten Inhaltes, den die sittliche Selbstbetätigung überhaupt annehmen könne" (ebd.: S. 69). Die Strenge und Konsequenz mit der die Calvinisten ihre Lebensführung einer rationalen Ökonomie unterwerfen und sich dem Berufsethos hingeben, geht für Weber auf die Lehre von der Gnadenwahl, der Prädistinationslehre zurück. Unter der Gnadenwahl oder Prädestination versteht man hierbei die von Gott bereits vor der Geburt entschiedene Vorherbstimmung jedes einzelnen Menschen zu Heil oder Unheil. Das Auserwähltsein hängt nicht von der Leistung des einzelnen Menschen ab und kann auch nicht von ihr beeinflusst werden. Warum und ob der eine auserwählt ist und ein anderer nicht, ist das „Geheimnis Gottes". Es ist also Gottes

Entscheidung ganz allein, die über das Schicksal des einzelnen Menschen entscheidet und diese ist von Ewigkeit her festgelegt (Weber, 2004: S. 145). Ausgehend von der Tatsache, dass das Schicksal des Einzelnen im calvinistischen Glauben bereits von Beginn an feststeht und durch nichts verändert werden kann, könnte man annehmen, dass die Menschen ihr Leben ohne Einschränkung leben, da ihr Benehmen, ihr Verschulden, aber auch ihr Verdienst keinerlei Einfluss auf ihr Schicksal hat. Dass dies nicht der Fall ist, führt Weber darauf zurück, dass den Menschen in jener Zeit das Jenseits wichtiger und auch sicherer als das Diesseits erschien. Dies ist jedoch nicht nur ein protestantischer oder calvinistischer Charakterzug gewesen, sondern habe in der religiösen Orientierung überhaupt eine wichtige Rolle gespielt. Vor diesem Hintergrund war es für den gläubigen Calvinisten von größter Wichtigkeit sich der Frage zu stellen ob er erwählt ist und wie er sich dieser Erwählung sicher werden kann (ebd.: S. 149). Die nicht vorhandene Gnade Gottes stellt den Calvinisten in der Suche nach dem Sinn des individuellen Schicksals ganz auf sich allein und der Alltag des eines jeden Gläubigen ist folglich geprägt durch den stetigen innerlichen Kampf um die Gewissheit des Heils und um seine Seligkeit. Um sich von diesem belastenden Zustand zu befreien musste der Gläubige also eine Möglichkeit finden sich seinem auserwählten Dasein zu versichern. An diesem Punkt kommt Weber zu dem Schluss, dass rastlose Berufsarbeit eine funktionierende Methode ist „um religiöse Zweifel zu verscheuchen und die Sicherheit des Gnadenstandes zu geben" und um die Angst um die Seligkeit loszuwerden (ebd.: S. 151/153).

Um das Konzept der „rastlosen Berufsarbeit" zu analysieren ist es wichtig zunächst darauf hinzuweisen, dass es sowohl um die Art und Weise geht mit der die Berufsarbeit ausgeführt wird als auch um den Erfolg der Berufsarbeit, denn beides war für den Calvinisten gleichermaßen von großer Bedeutung. Mit dem Ziel ein heiliges, auserwähltes Leben zu führen versucht der Calvinist jeden Aspekt seines Lebens systematisch zu kontrollieren. „Das Leben des 'Heiligen' war ausschließlich auf ein transzendentes Ziel: die Seligkeit, ausgerichtet, aber eben deshalb in seinem diesseitigen Verlauf durchweg rationalisiert" (Weber, 2004: S. 155). Selbstbeherrschung und Selbstkontrolle definieren den Alltag des Calvinisten und ermöglichen die systematisch rationale Lebensführung. Das Leben des Calvinisten ist geprägt durch die ständige innere Kontrolle von Trieben und Gefühlen und einer äußeren Kontrolle, welche sich in der Kontrolle der Wirkungen seiner Lebensführung zeigt. Denn nur über das Resultat, beziehungsweise den Erfolg seines Handelns, in Form von wirtschaftlichem Gewinn, kann der Calvinist sich die Gewissheit seiner Auserwähltheit selbst erschaffen. Erfolg aufgrund der Pflichterfüllung, die in der bedingungslosen Hingabe an den Beruf, angesiedelt war, wird von dem Gläubigen Calvinisten als ein Zeichen für seine Auserwähltheit gedeutet (Bäumer, 2007: S. 90/ Guttandin, 1997: S. 140). Genau diese religiöse Vorstellung ist es, die es dem Calvinisten ermöglicht eine Durchrationalisierung seines gesamten Handelns vorzunehmen, zum „Berufsmenschen" zu werden und sich von den traditionellen Vorstellungen der Lebensführung zu lösen. Weber hat ferner darauf hingewiesen, dass die Berufsarbeit aber nicht nur die rationale Lebensgestaltung voraussetzt, sondern gleichzeitig die Enthaltsamkeit gegenüber dem, was diese Art der Lebensführung stören könnte. Der Calvinist „scheut die Ostentation und den unnötigen Aufwand ebenso wie den bewussten Genuß" und „er ′hat nichts′ von seinem Reichtum für seine Person, - außer: der irrationalen Empfindung guter ′Berufserfüllung′" (Weber, 1920: S. 55).

In den obigen Ausführungen wurde bereits mehrmals darauf hingewiesen, dass Weber selbst das Moment der Irrationalität als spezifisches Merkmal der „Berufsarbeit" hervorgehoben hat. Die Rationalität, auf welcher die methodische Lebensführung im modernen Kapitalismus beruht, basiert auf dem Ethos der Verantwortung. Diese Verantwortung richtet sich aber nicht gegenüber anderen Menschen, sondern nur gegenüber sich selbst und sie beruht ausschließlich auf religiösen Motiven. Die Rationalisierung der gesamten Lebensführung, welche in der stetigen Kontrolle des eigenen Tuns und der Disziplinierung des Selbst seinen Höhepunkt findet, wendet sich gänzlich gegen die traditionellen Vorstellungen von einem erfüllten Leben. Wie bereits erwähnt wurde, verweist Weber darauf, dass schon das Wort „Beruf" an sich eine religiöse Vorstellung mit sich trägt und die Berufsarbeit als ein „Befehl Gottes" anerkannt wird. Des Weiteren konnte gezeigt werden, dass das Verhältnis von Mittel und Zweck durch die systematische Rationalisierung verkehrt wurde. Arbeit und Gelderwerb, einst lediglich zur Existenzsicherung und zum Genuss von Reichtum gedacht, erhalten einen Selbstzweck. Eben in dieser Umkehrung sieht Weber das Irrationale schlechthin. Dass der Mensch nur arbeitet um zu arbeiten spricht vollkommen gegen seine Natur. Die Handlungen, die der Protestant vollzieht, beruhen demnach nicht auf natürlichen, dem Menschen innewohnenden Vorstellungen, sondern letztlich nur auf religiösen, gottgegebenen Überzeugungen, die Weber als durchweg irrational empfindet. Mit Blick auf das eingangs gestellte Zitat, kann man annehmen, dass Weber das Subjekt in der protestantischen Ethik demnach nicht als ein Subjekt anerkennt, dass „nach Maßgabe der Vernunft" zu handeln vermag. Ganz im Gegenteil, es konnte gezeigt werden, dass die Beweggründe für das Handeln des Gläubigen Protestanten nach Weber ausschließlich irrationaler Natur sind.

Literatur

Bäumer, Jürgen (2007): Religion, Rationalisierung und Kapitalismus. Die Positionen Webers und Elias im Vergleich. Saarbrücken.

Grundmann, Matthias/ Beer, Raphael (2004): Subjekttheorien interdisziplinär. Diskussionsbeiträge aus Sozialwissenschaften, Philosophie und Neurowissenschaften. Münster.

Guttandin, Friedhelm (1998): Einführung in die „Protestantische Ethik" Max Webers. Wiesbaden.

Kaesler, Dirk (2004): Vorwort des Herausgebers. In: Weber, Max (2004): Die protestantische Ethik und der Geist des Kapitalismus. Herausgegeben und eingeleitet von Dirk Kaesler. München. C.H. Beck. S.7-64.

Löwith, Karl (1973): Max Weber und Karl Marx. In: Seyfarth, C./Sprondel, W. (Hrsg.), Seminar: Religion und gesellschaftliche Entwicklung. Studien zur Protestantismus-Kapitalismus-These Max Webers. Suhrkamp. S. 19-37.

Weber, Max (1920): Die protestantische Ethik und der Geist des Kapitalismus, in: Weber, Max: Gesammelte Aufsätze zur Religionssoziologie I, Tübingen.,1988.

Weber, Max (2004): Die protestantische Ethik und der Geist des Kapitalismus. Herausgegeben und eingeleitet von Dirk Kaesler. München. C.H. Beck.

BEI GRIN MACHT SICH IHR WISSEN BEZAHLT

- Wir veröffentlichen Ihre Hausarbeit, Bachelor- und Masterarbeit

- Ihr eigenes eBook und Buch - weltweit in allen wichtigen Shops

- Verdienen Sie an jedem Verkauf

Jetzt bei www.GRIN.com hochladen und kostenlos publizieren